www.ingramcontent.com/pod-product-compliance
Lightning Source LLC
Chambersburg PA
CBHW070439180526
45158CB00019B/1690
* 9 7 8 1 0 9 0 8 6 9 6 2 3 *